長草くんと李

まるっと♡話せる 中国語

ひとこと会話フレーズ120

イラスト：BLOCK 12

文：李姉妹

©Block 12 Culture

©MINIATURE FACTORY

音声ダウンロード付

Jリサーチ出版

はじめに

はじめまして、「長草くん」イラストレーターの腿丽丝(トゥイ・リースー)と申します。
たくさんの中国語会話の本の中から、この一冊を手に取っていただきありがとうございます！

この本では、無邪気でかわいい「長草くん」といっしょに、中国語を楽しく学ぶことができます。
この本に登場する「長草くん」のイラストは、学習者が学びやすいものをと私が直々に選ばせていただきました。中国のファンの方々にすでに親しまれているものばかりです。中国の国民的キャラクターである「長草くん」といっしょに、楽しく中国語を勉強していただけたら嬉しいです。

腿丽丝

. . . .

大家好！李姉妹と申します。
本書を手に取っていただきありがとうございます！

私たちは日本在住の中国人姉妹で、
YouTubeで中国語や中国文化、旅行の動画を発信しています。

本書は中国発の人気者、長草くんと一緒に作りました！
初心者の方でも使いやすいカンタンなひとことを、ゆるっと可愛いイラストと共に覚えられる中国語フレーズ集です。ネイティブ目線のニュアンス説明も盛り込みました。

「シンプルに一言で伝えたい」「友達とフランクに話したい」
そんなとき、自分の心情にぴったりな長草くんを見つけてみてください。

長草くんに癒されながら、一緒に楽しく中国語を勉強しましょう！

李姉妹

2

この本の表記について

＊中国語は中文のフォントで表記し、その発音をピンインで表記するとともに、［　］内にカタカナで示しています。またフレーズの日本語訳は（　）内に入れています。

＊本来中国語の発音は日本語のカタカナで表せるものではありませんが、本書では中国語の入門者向けにあくまで参考としてカタカナルビを入れています。学習を進めていくうえでは、ピンインを通じて発音を覚えることを推奨いたします。

＊中国語には日本語の尊敬語や謙譲語、丁寧語にあたるような敬語表現はありません。本書に収録している中国語のフレーズは、イラストの雰囲気に応じて意訳されています。

中国語の発音について

＊ピンインとは、中国語の発音記号のことです。

＊中国語は単語のイントネーションによって意味が大きく変わる言語です。音程の高低をあらわすイントネーションのことを「声調」といいますが、発音を学ぶには中国語の「声調」について理解を深めることが特に重要です。

4つの声調

第一声：「ˉ」　例：mā（妈：お母さん）

第二声：「ˊ」　例：má（麻：麻）

第三声：「ˇ」　例：mǎ（马：馬）

第四声：「ˋ」　例：mà（骂：ののしる）

この本の使い方

STEP 1

テーマとなる日本語のフレーズです。イラストといっしょに、意味を確認しましょう。

STEP 2

中国語のフレーズ・カタカナルビ・ピンインです。

STEP 3

中国語のフレーズについて、意味や使い方、類語などを李姉妹が解説しています。

STEP 1側のパネル内容

Track 37
037

Ài nǐ ～
アイ ニィ
爱你～

【大好き～】

恋人だけでなく友達などにも日常的に言う「爱你」〔アイ ニィ〕は軽い愛情表現のようなもので、日本語だと「大好きだよ」「ありがとう」に近い感じで受け取ってOK。

李姉妹のミニ会話

Zhè ge sòng gěi nǐ!
ヂェ スン ゲイ ニィ
这个送给你！
これプレゼントね！

Xiè xie! Ài nǐ ～
シェシェ アイ ニィ
谢谢！爱你～
ありがとう！ 大好き～

58

単語＆解説

送〔動詞〕…贈る
爱〔動詞〕…愛する

音声ファイルのダウンロードの手順

STEP 1 ▶ 弊社ウェブサイトの商品ページにアクセス！ 方法は次の3通り！

● **QRコードで**
QRコードを読み取ってアクセス。

● **弊社ホームページで商品名を検索**
Jリサーチ出版のホームページ（https://www.jresearch.co.jp/）にアクセスして、「キーワード」に書籍名を入れて検索。

● **URLを直接入力**
https://www.jresearch.co.jp/book/b570615.htmlを入力してアクセス。

DL音声 見出しフレーズとミニ会話の音声を聞くことができます。

音声の流れ フレーズ(日本語→中国語) ⇒ 李姉妹のミニ会話(日本語→中国語)

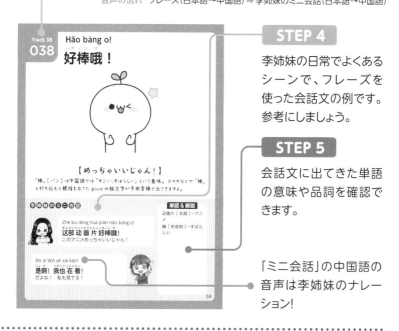

STEP 4

李姉妹の日常でよくある
シーンで、フレーズを
使った会話文の例です。
参考にしましょう。

STEP 5

会話文に出てきた単語
の意味や品詞を確認で
きます。

「ミニ会話」の中国語の
音声は李姉妹のナレー
ション!

・・

STEP 2 ▶ ページ内にある「音声ダウンロード」ボタンをクリック!

STEP 3 ▶ ユーザー名「1001」、パスワード「25144」を入力!

STEP 4 ▼

学習スタイルに合わせた方法で音声をお聴きください! 音声の利用方法は2通り!

● 「音声ファイル一括ダウンロード」より、ファイルをダウンロードして聴く。

● 「▶」ボタンを押して、その場で再生して聴く。

音声ダウンロードについてのお問い合わせ先：toiawase@jresearch.co.jp(受付時間:平日9時～18時)

5

CHARACTER

長草くん：李姉妹のご紹介

長草くん
（长草颜团子）

ゆめの国からやってきた
ようせい。人のゆめが
うまれるとき、長草くん
もうまれます。

hello!

长草颜团子
BUDDING POP

李姉妹

中国語や中国文化を
紹介している注目の
姉妹ユーチューバー。

姉
ゆんちゃん

中国生まれ。
小学校で4年間、
高校で3年間中国
で過ごす。

妹
しーちゃん

日本生まれ。
幼少期を中国で
過ごし、6歳から
日本在住。

CONTENTS

INDEX

絵から引ける さくいん

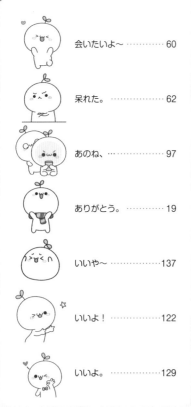

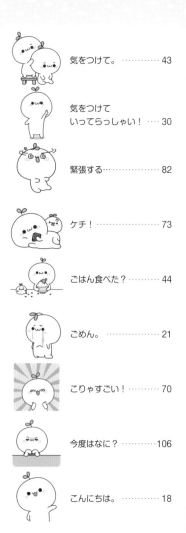

さ行

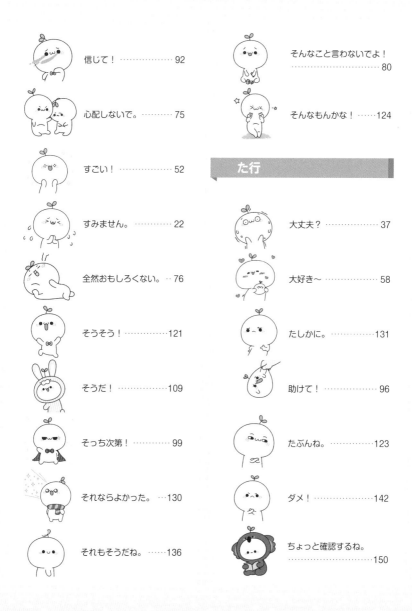

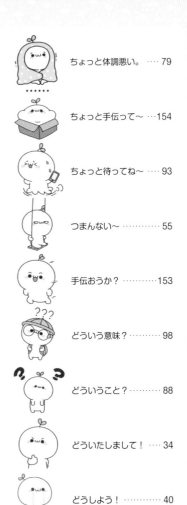

な行

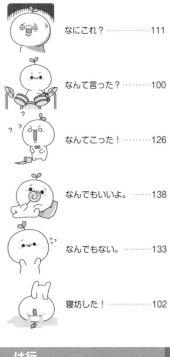

は行

ま行

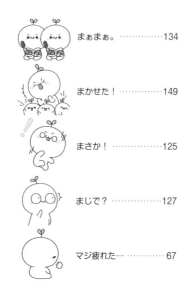

や行

わ行

第1章
....
よく使うことば

会話でよく使うフレーズばかりを集めました。
「你好！」などのあいさつや返答表現など、会話の基本となる表現ばかりです。

Nǐ hǎo.
ニィ ハオ
你好。

【こんにちは。】

日本語の「こんにちは」と同じで、初対面の相手などによく使う挨拶です。レストランで店員さんを呼ぶときの「すみません」という意味で使われることもあります。親しい間柄では、「哈喽」〔ハァ ロウ〕を使ったり、相手の名前を呼んだりします。

李姉妹と長草くんのミニ会話

Nǐ hǎo, má fan diǎn cài!
ニィハオ　マァファンディエンツァイ
你好，麻烦 点 菜!
すみません、注文お願いします！

Hǎo de, qǐng shāo děng.
ハオ ダ　チンシアオドォン
好的，请稍 等。
はい、少々お待ちください。

単語 & 解説

麻烦［動詞］…面倒をかける
你［代詞］…あなた
点菜［動詞］…料理を注文する

Xiè xie.
シエ シエ
谢谢。

【ありがとう。】

中国語の「ありがとう」といえば「谢谢」[シエ シエ] が有名ですが、相手との関係や場面に応じて様々な言い方があります。「谢了」[シエ ラ]「谢啦」[シエ ラァ]は友達などに軽い感謝を伝える時に便利。

李姉妹のミニ会話

Wǒ bāng nǐ yì qǐ zhǔn bèi ba!
ウオバンニィイィチィチュンベイ バ
我帮你一起准备吧!
準備手伝うね！

Xiè xie.
シエシエ
谢谢。
ありがとう。

単語 & 解説

我 [代詞]…私 / 僕

帮 [動詞]…手伝う

19

Zǎo!
ヅァオ
早！

【おはよ！】

朝の挨拶で、この他に「早啊」〔ヅァオ　ア〕や「早安」〔ヅァオ　アン〕もよく使います。「早上好」〔ヅァオ　シャン　ハオ〕でもいいですが、少し堅い表現になるので改まった場面や目上の人に対して使うことが多いです。

李姉妹のミニ会話

Zǎo!
ヅァオ
早！
おはよ！

Zǎo a～jīn tiān jǐ diǎn qǐ chuáng de?
ヅァオ　ア　～　ヂンティエンヂィディエンチィチュアン
早 啊～今 天 几 点 起 床
ダ
的?
おはよ～今日何時に起きたの？

単語 & 解説

今天［名詞］…今日
起床［動詞］…起床する

Duì bu qǐ.
ドゥイ ブゥ チィ

对不起。

【ごめん。】

「ごめんなさい」と謝罪する時に使うフレーズで、何か悪いことをしてしまって申し訳ないという気持ちを表します。「抱歉」[バオ チエン]を使うとより丁寧。

李姉妹のミニ会話

Duì bu qǐ, wǒ hái méi zhǔn bèi hǎo.
ドゥイブゥチィ　ウオハイメイチュンベイハオ
对不起，我还没准备好。
ごめん、まだ準備できてない。

Nà nǐ zhuā jǐn shí jiān a.
ナァニィチュアチンシィチエン ア
那你抓紧时间啊。
じゃあ急いでね。

単語 & 解説

抓紧［動詞］…むだにしない

时间［名詞］…時間

Bù hǎo yì si.
ブゥ ハオ イィ スー
不好意思。

【すみません。】

ちょっと肩がぶつかってしまった時などの軽い謝罪や、何かを尋ねる時にも使えます。
日本語の「すみません」と使う場面も似てますね。

李姉妹と長草くんのミニ会話

Bù hǎo yì si! Wǒ jīn tiān kāi huì yào chí dào shí fēn zhōng.
ブゥハオイィス　ウオヂンティエンカイホゥイヤオチィ
不好意思! 我今 天 开会要迟
ダオ シィフェンヂゥン
到 10 分钟。
すみません！　今日の会議 10 分遅れます。

Zhī dao le!
ヂィダオ ラ
知道了!
わかりました！

単語 & 解説

开会［動詞］…会議をする、会議に出る

迟到［動詞］…遅刻する

22

Hǎo chī!

ハオ チィ

好吃！

【おいしい！】

日本語だとすべて「おいしい」となりますが、中国語は食べ物がおいしい時は「好吃」〔ハオ チィ〕、飲み物がおいしい時は「好喝」〔ハオ ホォ〕と使い分けが必要です。

李姉妹のミニ会話

Hǎo chī ma?
ハオチィ マ
好吃吗?
おいしい？

Hǎo chī!
ハオチィ
好吃!
おいしい！

単語 & 解説

好吃 [形容詞]…おいしい

吗 [助詞]…〜か（文末につけて、疑問文にする）

吃 [動詞]…食べる

Jiā yóu!
チィアイオウ
加油！

【がんばって！】

直訳すると「油を加える」で「給油する」という意味になりますが、「ファイト！」と
誰かを応援したり励ましたりする時の定番フレーズです。

李姉妹のミニ会話

wǒ míng tiān yào kǎo shì le 〜
ウオミンティエンヤオカオシィ ラ
我明 天 要考试了〜
明日テストだ〜

Jiā yóu!
チィアイオウ
加 油！
がんばって！

単語 & 解説

考试［動詞］…試験を
する、試験を受ける
加油［動詞］…がんば
る

Zài jiàn.
ヅァイヂィエン
再见。

【さようなら。】

日本語の「さようなら」にニュアンスが近いです。家族や親しい友達に使うと少し
よそよそしい印象を受けるかも。

李姉妹と長草くんのミニ会話

単語＆解説

下周［名詞］…来週

Nà wǒ men xià zhōu jiàn ～
ナァウオメンシァアヂォウヂエン
那我们下周见～
じゃあ来週会いましょう～

Hǎo zài jiàn.
ハオ　ヅァイヂィエン
好，再见。
はい、さようなら。

25

Míng tiān jiàn.
ミン ティエンヂィエン
明天 见～

【また明日～】

別れ際の定番挨拶ですね。次の日も会う相手に「また明日ね」「じゃあね」という時に使ってみましょう。もちろん「明天」〔ミン ティエン〕を別の言葉に変えてもOKです。

李姉妹のミニ会話

Zǎo diǎn shuì ba!
ヅァオディエンシュイ バ
早 点 睡 吧!
はやく寝な！

Nǐ yě shì! Míng tiān jiàn ～
ニィイエシィ　ミンティエンヂエン
你也是! 明 天 见～
そっちもね！　また明日～

Hǎo jiǔ bú jiàn!
ハオ ヂィウ ブゥ チィエン

好久不见！

【久しぶり！】

久しぶりに会った相手との再会の挨拶です。「久违」[ヂィウ ウェイ] と言うと「ご無沙汰しております」と少しかしこまった感じになり、ビジネスでも使えます。

李姉妹のミニ会話

Hǎo jiǔ bú jiàn!
ハオヂウブゥチエン
好久不见！
久しぶり！

Wǒ men yí ge duō yuè méi jiàn miàn le ba?
ウオメンイィ ゴ ドゥオユエメイヂエンミエン ラ バ
我们一个多月没见面了吧?
１ヶ月ぶりくらいじゃない？

単語＆解説

久 [形容詞]…（時間が）長い

我们 [代詞]…私たち

Zuì jìn zěn me yàng?
ツゥイ チン ツェン マ イアン
最近怎么样？

【最近どう？】

挨拶言葉として使われることが多く、会って最初に言うことも多いです。「怎么样?」〔ヅェン マ イアン〕（＝どう？）だけでも色んな場面で使える便利なフレーズです。

李姉妹のミニ会話

Zuì jìn zěn me yàng?
ツゥイチンツェン マ イアン
最 近怎么样？
最近どう？

Hái xíng ba, nǐ ne?
ハイシン バ　ニィ ナ
还行吧，你呢?
まあまあかな〜そっちは？

単語 & 解説

最近 [名詞]…最近
怎么 [代詞]…どう /
どのように

Wǎn ān.
ウアン アン

晚安。

【おやすみ。】

「おやすみなさい」と訳すこともできるので、目上の人に対して使っても失礼にならない挨拶です。

李姉妹のミニ会話

単語＆解説

电视 [名詞]…テレビ

Wǒ xiān shuì le, wǎn ān.
ウオシエンシュイ ラ　ウアンアン
我 先 睡 了，晚安。
先に寝るね，おやすみ。

Wǎn ān. Wǒ zài kàn huì r diàn shì.
ウアンアン　　ウオヅァイカンホゥアルディエンシィ
晚 安。我 再 看 会儿 电 视。
おやすみ。私はもう少しテレビみる。

Yí lù shùn fēng!
イィ ルー シュウンフォン
一路 顺 风！

【気をつけていってらっしゃい！】

「目的地まで順調に行けますように」という意味が込められています。「いってらっしゃい」とも訳せますが、相手が長めの旅に出る時に使う方がしっくりきます。

李姉妹のミニ会話

Yí lù shùn fēng!
イィルゥシュンフォン
一路 顺 风！
気をつけていってらっしゃい！

Dào le mǎ shàng lián xì nǐ!
ダオ ラ マ シァンリエンシィニィ
到了马上 联系你！
着いたらすぐ連絡するね！

単語 & 解説

联系 [動詞]…連絡する

Gōng xǐ la!
グゥン シィ ラ

恭喜啦！

【 おめでと！】

「恭喜」〔グゥン シィ〕（＝おめでとう）に「啦」〔ラ〕をつけることで軽めの印象になります。家族や友達など、タメ口で話すような相手へのお祝いに使える一言です。

李姉妹のミニ会話

Wǒ kǎo shì jí gé le!
ウオカオシィチィゴォ ラ
我考试及格了！
テスト合格した！

Gōng xǐ la!
グゥンシィ ラ
恭 喜啦！
おめでと！

単語＆解説

考试［名詞］…テスト / 試験

及格［動詞］…合格する

31

Hěn gāo xìng rèn shi nǐ!
ヘン ガオ シン レン シィ ニィ

很高兴认识你！

【お会いできてうれしいです！】

初対面の時に自己紹介の締めの言葉として使うことができます。似たフレーズには「幸会」〔シン ホゥイ〕があり、ビジネスシーンでよく使われます。

李姉妹と長草くんのミニ会話

Hěn gāo xìng rèn shi nǐ!
ヘン ガオ シン レン シィ ニィ
很高兴认识你！
お会いできてうれしいです！

Wǒ yě shi!
ウォ イエ シィ
我也是！
私も！

単語＆解説

高兴 [形容詞]…嬉しい

认识 [動詞]…覚えている、知っている

Huān yíng huān yíng ～
ホアン イン ホアン イン
欢迎欢迎～

【ようこそ～】

「欢迎」[ホアン イン] だけでも「ようこそ」ですが、2 回重ねるとより気軽な感じ になります。お店でよく聞く「欢迎光临」[ホアン イン グゥアン リン] は「いらっしゃ いませ」という意味。

長草くんと李姉妹のミニ会話

Huān yíng huān yíng ～
ホアンインホアンイン
欢 迎欢迎～
ようこそ～

Wǒ men zhōng yú jiàn miàn le ～!
ウォメンヂォンユゥヂエンミエン ラ
我们 终于见 面了～!
やっと会えましたね～!

単語＆解説

终于 [副詞]…ついに
/とうとう

见面 [動詞]…会う /
顔を合わせる

Bú yòng xiè!
ブゥ イゥン シエ
不用谢！

【どういたしまして！】

これ以外に「不客气」〔ブゥ コォ チィ〕という言い方もあり、より丁寧になります。
目上の人と話す時やビジネスでも使えます。

李姉妹のミニ会話

Xiè xie 〜
シエシエ
谢谢〜
ありがとう〜

Bú yòng xiè!
ブゥイゥンシエ
不用谢！
どういたしまして！

単語 & 解説

不用［副詞］…〜する
必要がない

34

Gān bēi!
ガン ベイ
干杯！

【乾杯！】

日本の乾杯と同じ意味ですが、中国では最初だけでなく途中で何回も言うことが多く、飲む度に言ってくる人もいます。

李姉妹のミニ会話

Lái! Wǒ men gān bēi!
ライ　ウォメンガンベイ
来！我们干杯！
それでは！　乾杯！

Gān bēi ~!
ガンベイ
干杯〜！
乾杯〜！

単語 & 解説

干杯［動詞］…乾杯する、杯を空ける

杯［量詞］…（お茶、お酒などの分量を数える）杯

Nǐ jiào shén me míng zi.
ニィ ヂィアオシェン マ ミン ズ
你叫什么名字？

【お名前は？】

相手の名前をストレートに尋ねるフレーズです。目上の方に対して姓を丁寧に尋ねたい場合は「您贵姓?」[ニン グゥイ シン] などと言います。

李姉妹と長草くんのミニ会話

Nǐ hǎo, nǐ jiào shén me míng zi?
ニィハオ　ニィヂィアオシェン マ ミン ズ
你好，你叫什么名字?
こんにちは～お名前は？

Wǒ jiào zhǎng cǎo yán tuán zi!
ウオヂィアオチャンツァオイアントゥアン ヅ
我叫长草颜团子!
長草くんと言います！

単語 & 解説

名字 [名詞]…名前
叫〜 [動詞]…〜という / 〜と呼ぶ

Méi shì ba?
メイ シィ バ

没事吧?

【大丈夫?】

相手を気遣う時に使えるフレーズです。「没事吧」〔メイ シィ バ〕の前に「あなた」という意味の「你」〔ニィ〕をつけて「你没事吧?」と言ってもOK。

李姉妹のミニ会話

Méi shì ba?
メイシィ バ
没事吧?
大丈夫?

Méi shì le!
メイシィ ラ
没事了!
もう大丈夫!

単語 & 解説

没事〔動詞〕…何でもない、大したことがない

〜了〔助詞〕…もう〜になった

37

Zhēn de ma?
チェン ダ マ
真的吗？

【ホントに？】

「本当に？」という確認の疑問フレーズです。「真的啊!」〔チェン ダ ア〕と語尾を変えると、確認というより「ホントに!?」「まじか!」というようなニュアンスになります。

李姉妹のミニ会話

Wǒ zuì jìn pàng le ...
ウオ ヅゥイ ヂン パン ラ
我 最 近 胖了 ...
最近太った…

Zhēn de ma? Méi kàn chu lai.
チェン ダ マ　メイ カン チュ ウライ
真 的吗? 没看 出 来。
ホントに？　そう見えない。

単語 & 解説

胖 [形容詞]…太っている

吗 [助詞]…〜か（文末につけて、疑問文をつくる）

Xiàn zài jǐ diǎn le?
シィエンヅァイ ヂィ ディエン ラ

现在几点了?

【いま何時？】

「现在几点?」でも「今何時？」になりますが、「了」をつけることで「今何時になった？」というニュアンスが出ます。実際はこの長草くんのように責めるようなセリフではなく、純粋に時間を尋ねる時に多く使います。

李姉妹のミニ会話

Xiàn zài jǐ diǎn le?
シエンヅァイヂィディエン ラ
现在几点了?
いま何時？

Kuài shí èr diǎn le.
クアイシィアルディエン ラ
快十二点了。
もうすぐ12時。

単語 & 解説

现在 [名詞]…現在 / 今

快〜了 [フレーズ]…もうすぐ〜だ

Zěn me bàn!
ヅェン マ バン
怎么办！

【どうしよう！】

「办」［バン］には「行う」「処理する」「さばく」という意味があるので、「怎么」と合わせて「どうしていいかわからない」という感情を表現できます。

李姉妹のミニ会話

Zěn me bàn!
ヅェン マ バン
怎 么办！
どうしよう！

Shùn qí zì rán ba～
シュンチィ ヅーラン バ
顺 其自然吧～
成り行きに任せよ～

単語＆解説

怎么［代詞］…どう／どのように

自然［形容詞］…自然である

Tài hǎo le ～
タイ ハオ ラ
太好了～

【ホントよかった～】

「太〜了」［タイ〜ラ］（＝〜すぎる）を使うことで「好」［ハオ］（＝良い）が強調されて「本当によかった」という意味になります。予想以上に良い結果になった時などに使えるフレーズです。

李姉妹のミニ会話

Wǒ gǎn mào hǎo le.
ウオ ガンマオ ハオ ラ
我感冒好了。
風邪治った～

Tài hǎo le ～
タイ ハオ ラ
太好了～
ホントよかった～

単語 & 解説

感冒［動詞］…風邪を引く

Wéi?
ウェイ

喂？

喂？

【もしもし？】

声調（イントネーション）が2声の場合は電話でのみ使います。声調を4声に変えて「喂！」〔ウェイ〕と実際に人に向かって言うと「おい！」という強めの呼びかけになります。

李姉妹のミニ会話

Wéi? Nǐ zài nǎ li?
ウェイ　ニィヅァイナァリィ
喂？ 你在哪里?
もしもし？　どこにいるの？

Wǒ zài huí jiā de lù shang le.
ウオヅァイホゥイチィア ダ ルゥシァン ラ
我在回家的路上了。
いま家への帰り道。

単語＆解説

回家［動詞＋目的語］
…家に帰る
路［名詞］…道

026

Xiǎo xīn diǎn.
シィアオ シン ディエン

小 心点。

【気をつけて。】

出かける人を見送る時や心配を表す時などに使えます。危険な目にあった時にとっさに出る「小心!」[シィアオ シン]の一言で「危ない!」という意味になることもあります。

李姉妹のミニ会話

単語 & 解説
小心 [動詞]…注意する / 気をつける
知道 [動詞]…知っている

Xiǎo xīn diǎn.
シアオシンディエン
小 心点。
気をつけて。

Zhī dao le.
ディダオ ラ
知道了。
わかった。

Nǐ chī fàn le ma?
ニィ チィ ファン ラ マ
你吃饭了吗？

【ごはん食べた？】

これは中国語の挨拶言葉として習う方も多いと思います。特にご年配の方が使います。日本で言うと「天気いいですね〜」みたいな感じでしょうか。

李姉妹のミニ会話

単語＆解説

一起 [名詞]…一緒に

Nǐ chī fàn le ma?
ニィ チィ ファン ラ マ
你吃饭了吗?
ごはん食べた？

Hái méi ne, yì qǐ ba.
ハイ メイ ナ イィ チィ バ
还没呢，一起吧。
まだ、一緒に食べよ。

Wǒ qǐng kè!
ウオ チン コォ
我请客！

【おごるよ！】

中国にも割り勘はありますが、友達同士でも奢り合う機会は多いです。「请客」〔チン コォ〕は「おごる」「ごちそうする」という意味で食事に誘った側がよく使います。

李姉妹のミニ会話

単語＆解説

请客［動詞］…おごる / ご馳走する

Wǒ qǐng kè!
ウオチンコォ
我请客！
おごるよ！

Nà xià cì wǒ qǐng!
ナァシィアツ一ウオチン
那 下 次 我请！
じゃあ次は私がおごる！

45

Wǒmen zǒu ba!
ウオ メン ヅォウ バ
我们走吧！

【行こ！】

「走吧」[ヅォウ バ]だけでも「行こう」という意味になりますが、「我们」[ウオ メン]をつけることで一緒に行く感じが強調されます。

李姉妹のミニ会話

単語 & 解説
去［動詞］…行く
哪里［代詞］…どこ

Wǒ men zǒu ba!
ウオメンヅォウ バ
我们走吧!
行こ！

Qù nǎ li?
チュナァリィ
去哪里?
どこ行くの？

46

030

Jiā ge wēi xìn ba!
チィア ゴ ウェイシィン バ

加个微信吧！

【WeChat交換しよ！】

連絡先を交換する時によく使うフレーズです。weChat は日本でいうと LINE のような存在で、ほとんどの中国人が連絡手段や支払いに使っています。

李姉妹と長草くんのミニ会話

Wǒ men liǎ jiā ge wēi xìn ba!
ウォメンリアチィア ゴ ウェイシン バ
我们俩 加 个 微 信 吧!
WeChat 交換しよ！

Hǎo a, nà wǒ men wēi xìn lián luò～
ハオ ア　ナァウオメンウエイシンリエンルオ
好啊，那我们 微 信 联 络～
そうだね、じゃあ Wechat で連絡取ろ～

単語 & 解説

俩［数量詞］2人、2つ

加［動詞］…加える

联络［動詞］…連絡を取る

李姉妹とひとやすみ
休息一会儿

TOPIC

言葉に詰まった時によく使うフレーズ

中国語を話す時、よく言葉に詰まっちゃうんだ。

母国語を話していてもよくあるよね。

確かに。そういうときは日本語だと「あの~」「えっと~」って言うよね。

中国語にも似たようなフレーズが
色々あるよ。

多用するのもよくないけど、知っ
ておくと便利そう。

いくつか教えてあげるね！

すぐに役立つフレーズ

🌱 **嗯~** [ウン] 訳 **ん~**
ng

🌱 **就是~** [ヂィウ シィ] 訳 **えっと~/つまり~**
jiù shì

🌱 **那个~** [ナァ ゴ] 訳 **あの~**
nà ge

🌱 **然后~** [ラァン ホウ] 訳 **それで~**
rán hòu

🌱 **怎么说呢** [ツェン マ シュオ ナ] 訳 **なんて言うか**
zěn me shuō ne

※ 日本語同様、使い過ぎには注意!

第2章

気持ち

自分の気持ちを中国語で表現してみましょう。ふとした嬉しいことや
楽しいことを表現できるようになると、会話が楽しくなりますよ。

Hǎo lì hai!
ハオ リィ ハイ
好厉害！

【すごい！】

「厉害」〔リィ ハイ〕だけで「すごい」となりますが、ここの「好」〔ハオ〕は「とても」という意味で、すごさを強調しています。このように中国語は形容詞に程度を表す副詞をつけることが多いです。

李姉妹のミニ会話

Wǒ jiē le liǎng ge xīn de xiàng mù!
ウオチエ ラ リアンゴォシン ダ シアンムゥ
我接了两个新的项目！
新しいプロジェクトを二つ受けたよ！

Wa! Hǎo lì hai!
ウァ ハオリィハイ
哇！好厉害！
おお！ すごい！

単語＆解説

接［動詞］…受ける
新［形容詞］…新しい
项目［名詞］…プロジェクト

Wǒ è sǐ le ...
ウオ オ スー ラ
我饿死了 ...

【めっちゃお腹すいた…】

「饿〔オ〕＝お腹が空く」に「死了」〔スー ラ〕をつけて空腹度が高いことを表します。「〜死了」で「死ぬほど〜である」つまり「めちゃくちゃ〜」という意味になり、とてもよく使われる表現です。

李姉妹のミニ会話

Wǒ è sǐ le...
ウオ オ スー ラ
我饿死了 ...
めっちゃお腹すいた…

Nà wǒ men qù chī fàn ba!
ナァウオメンチュチィファン バ
那我们去吃饭吧!
じゃあごはん食べにいこっか！

単語＆解説

饿〔形容詞〕…空腹である

Wán le ...

ウアン ラ

完了 ...

【オワった…】

何かやらかした時や絶望を感じた時に使えるフレーズです。使う場面によっては「しまった!」というニュアンスも感じられます。

李姉妹のミニ会話

Wán le…wàng dài shǒu jī le …

ウアン ラ　ウアンダイシォウヂィ ラ

完了…忘带手机了…

オワった…ケータイ忘れた…

Yào bu yào huí jiā qù ná?

ヤオブゥヤオホゥイヂィアチュナァ

要不要回家去拿?

家に取りに帰る?

単語 & 解説

忘 [動詞]…忘れる

手机 [名詞]…携帯電話

Hǎo wú liáo a ～
ハオ ウゥ リアオ ア
好无聊啊～

【つまんない～】

ここでは「やることがなくて退屈だ」という意味ですが、「无聊」〔ウゥ リアオ〕は物事や言動などに対して「くだらない」「おもしろくない」という意味の「つまらない」としても使えます。

李姉妹のミニ会話

Hǎo wú liáo a ～
ハオウゥリアオ ア
好无聊啊～
つまんない～

Nà jiù chū qu sàn san bù ba.
ナァヂウチュウチュサンサンブゥ バ
那就 出 去散散步吧。
じゃあ散歩でも行っておいで。

単語＆解説

出去［動詞＋方向補語］…外に出る
散步［動詞］…散歩する

55

Jīn tiān wán de hěn kāi xīn ～
チン ティエンウアン ダ ヘン カイ シン
今天 玩得很开心～

【今日めっちゃ楽しかった～】

「玩得很开心」〔ウアン ダ ヘン カイ シン〕で「とても楽しく遊ぶ」という意味。ここに「今天」〔チン ティエン〕「昨天」〔ヅゥオ ティエン〕など時間を表す言葉を入れることで過去を表現します。

李姉妹のミニ会話

Jīn tiān wán de hěn kāi xīn ～
チンティエンウアン ダ ヘンカイシン
今天 玩得很开心～
今日めっちゃ楽しかった～

単語 & 解説

开心［形容詞］…楽しい / 嬉しい

Wǒ yě shì!
ウオイエシィ
我也是!
私も！

56

Wǒ shòu gòu le!
ウオ シォウ ゴウ ラ
我受够了！

【もううんざり！】

「受」〔シォウ〕は「被る」という意味を持ち、「够」〔ゴウ〕は「足りる」「十分だ」という意味なので、「受够了」〔シォウ ゴウ ラ〕で「十分に被った」つまり「もうたくさんだ」と限界を表現することができます。

李姉妹のミニ会話

単語 & 解説
想开 [動詞＋方向補語]…くよくよしない

Wǒ shòu gòu le!
ウオ シォウ ゴウ ラ
我受够了!
もううんざり！

Xiǎng kāi diǎn ba.
シアンカイディエン バ
想开点吧。
前向きに考えてみなよ。

Ài nǐ～
アイ ニィ

爱你～

【大好き～】

恋人だけでなく友達などにも日常的に言う「爱你」〔アイ ニィ〕は軽い愛情表現のようなもので、日本語だと「大好きだよ」「ありがとう」に近い感じで受け取ってOK。

李姉妹のミニ会話

単語 & 解説

送［動詞］…贈る

爱［動詞］…愛する

Zhè ge sòng gěi nǐ!
チォ ゴ スゥンゲイニィ
这个 送 给你!
これプレゼントね!

Xiè xie! Ài nǐ～
シエシエ　アイニィ
谢谢! 爱你～
ありがとう!　大好き～

Hǎo bàng o!
ハオ バン オ

好棒哦！

【めっちゃいいじゃん！】

「棒」〔バン〕は中国語では「すごい、すばらしい」という意味。スマホなどで「棒」と打ち込むと親指を立てた good の絵文字が予測変換で出てきますよ。

李姉妹のミニ会話

単語 & 解説
动画片 [名詞]…アニメ
棒 [形容詞]…すばらしい

Zhè bù dòng huà piàn hǎo bàng o!
チョブゥドゥンホアビエンハオバン オ
这部动画片好棒哦！
このアニメめっちゃいいじゃん！

Shì a! Wǒ yě zài kàn!
シィ ア　　ウオイエヅァイカン
是啊！我也在看！
だよね！　私も見てる！

Hǎo xiǎng nǐ ～
ハオ シアン ニィ

好想你～

【会いたいよ～】

長い間会えていない家族や友達、恋人に恋しい気持ちを伝える、英語の"I miss you"にあたる言葉。「想う」という日本語を思い浮かべるとイメージしやすいですね。

李姉妹のミニ会話

単語 & 解説

想 [動詞]…考える、懐かしく思う

Hǎo xiǎng nǐ ～
ハオシアンニィ
好想你～
会いたいよ～

Wǒ yě xiǎng nǐ ～
ウオイエシアンニィ～
我也想你～
私も会いたい～

Piàn rén!
ピエン レン
骗人！

【うそつき！】

「人を騙す」つまり「うそつき」です。吐き捨てるように言うと雰囲気が出そうです。「骗」〔ピエン〕は動詞なので「骗○○」で「○○を騙す」という意味になります。

李姉妹のミニ会話

単語＆解説

骗 [動詞]…騙す

Piàn rén!
ピエンレン
骗 人!
うそつき！

Zhēn de! Méi piàn nǐ a!
チェン ダ　メイピエンニィ ア
真 的！没 骗 你啊！
本当だよ！　うそついてないから！

Wú yǔ le.
ウゥ ユィ ラ
无语了。

【呆れた。】

直訳すると「言葉を無くす」、呆れすぎてもはや何も言えない様子を表しています。人に対して言うと相手を責めるような感じになりがちなので、使い方には気をつけましょう。

李姉妹のミニ会話

Wǒ zuó tiān gōng zuò méi zuò wán áo yè le…
ウオ ヅゥオ ティエン グゥン ヅゥオ メイ ヅゥオ ウアン アオ イエ ラ
我昨天工作没做完熬夜了…
昨日仕事終わらなくて徹夜した…

Wú yǔ le. Zhè yàng duì shēn tǐ bù hǎo ya ~
ウゥ ユィ ラ　チォイアンドゥイシェンティブゥハオイア
无语了。这样对身体不好呀~
呆れた。体に悪いよ~

単語 & 解説

工作 [名詞]…仕事

熬夜 [動詞]…徹夜する / 夜更かしする

身体 [名詞]…身体

Xiào sǐ wǒ le!
シアオ スー ウオ ラ
笑死我了！

【めっちゃおもしろい！】

「〜死了」〔スー ラ〕がまた出てきましたね。「死ぬほど笑える」ので「すごく面白い」となります。「死」と「了」の間に「我」〔ウオ〕が挟まれていますが、これを省略して「笑死了」〔シアオ スー ラ〕としても OK。

李姉妹のミニ会話

Bù xíng le, xiào sǐ wǒ le!
ブゥシン ラ　シアオスーウオ ラ
不行了，笑死我了！
むり、めっちゃおもしろい！

Zhè jié mù zhè me yǒu yì si a.
チォヂエムゥヂォ マ イオウィイ ス ア
这节目这么 有 意思啊。
この番組こんなにおもしろいんだね。

単語 & 解説

笑 [動詞]…笑う
不行 [形容詞]…だめ
だ
节目 [名詞]…番組
有意思 [フレーズ]…
面白い / 興味深い

Hǎo yù mèn ～
ハオ ユイ メン
好郁闷～

【憂鬱だな～】

なんだかやる気が起こらない雨の日にぴったりな一言。「郁闷」[ユィ メン]は「気持ちがめいっている」「気が重い」という時に使えます。

李姉妹のミニ会話

Hǎo yù mèn ～
ハオユイメン
好郁闷～
憂鬱だな～

Chū mén sàn san xīn ba ～
チュウメンサンサンシン バ
出 门散散心吧～
気分転換にお出かけしたら～

Tǎo yàn!
タオ イエン

讨厌！

【うざい！】

「うざい」は色々な訳し方ができますが、「讨厌！」〔タオ イエン〕と一言のみで言うのは女性の場合が多いです。男性が使うと少し女々しい印象を与えるかもしれません。

李姉妹のミニ会話

Tǎo yàn!
タオイエン
讨厌！
うざい！

Gēn nǐ kāi wán xiào de.
ゲンニィカイウアンシアオ ダ
跟你开玩笑的。
冗談だよ。

単語 & 解説

讨厌 [形容詞]…嫌いだ

开玩笑 [フレーズ]…冗談をいう

65

Hǎo má fan a ～
ハオ マァ ファン ア
好麻烦啊～

【めんどくさいなぁ～】

「麻烦」[マァ ファン]は「面倒」を意味し、この他にも「麻烦你了」[マァ ファン ニィ ラ]「お手数をおかけします」「お願いしますね」という表現もできます。

李姉妹のミニ会話

Hǎo má fan a ～
ハオマァファン ア
好麻烦啊～
めんどくさいなぁ～

Wǒ bāng nǐ ba.
ウオバンニィ バ
我帮你吧。
手伝うよ。

単語＆解説

麻烦 [形容詞]…面倒
である

Lèi sǐ le ...
レイ スー ラ
累死了…

【マジ疲れた…】

端的に「うざい」と言いたいときの表現。「讨厌！」〔タオ イエン〕と一言で言う
のは女性の場合が多いです。「死ぬほど」より「めっちゃ」にニュアンスが近いので
日常会話で頻繁に使います。

李姉妹のミニ会話

Lèi sǐ le ...
レイ スー ラ
累死了…
マジ疲れた…

Gǎn jǐn xiū xi yí huì r ba.
ガンヂンシウシィイィホゥイアル バ
赶紧休息一会儿吧。
はやく休みな。

単語＆解説

累［形容詞］…疲れて
いる

赶紧［副詞］…急いで
/ 速やかに

休息［動詞］…休む

Bié fā dāi!
ビエ ファ ダイ

别发呆！

【 ボーッとしないで！ 】

別のことを考えてぼんやりすることを「发呆」［ファ ダイ］と言います。そこに「别」［ビエ］をつけて「ぼんやりしないで！」という注意になります。

李姉妹のミニ会話

Bié fā dāi!
ビエファダイ
别发呆！
ボーッとしないで！

Chà diǎn shuì zháo le...
チァディエンシュイチァオ ラ
差点 睡 着了…
寝ちゃうとこだった…

単語 & 解説

发呆［動詞］…ぽかんとする、ぼんやりする

Nǐ duì wǒ zhēn hǎo.

ニィ ドゥイ ウオ チェン ハオ

你对我真好。

【ホントやさしいね。】

「你对我好」〔ニィ ドゥイ ウオ ハオ〕を直訳すると「あなたは私によくしてくれる」となるので、「私に優しくしてくれる」と意訳することができます。

李姉妹のミニ会話

単語＆解説

早餐［名詞］…朝食

Wǒ gěi nǐ zuò hǎo zǎo cān le.
ウオ ゲイ ニィ ヅゥオ ハオ ヅァオ ツァン ラ
我给你做好早餐了。
朝ごはん作っておいたよ。

Nǐ duì wǒ zhēn hǎo.
ニィ ドゥイ ウオ チェン ハオ
你对我真好。
ホントやさしいね。

69

Jué le!
チュエ ラ
绝了！

【こりゃすごい！】

「绝」〔チュエ〕には「断つ」「絶える」「絶対に」など色々な意味がありますが、この場合は「比べようのないくらいにすばらしい」という意味になります。

李姉妹のミニ会話

Jué le!
チュエ ラ
绝 了！
こりゃすごい！

Tài lì hai le!
タイ リィ ハイ ラ
太厉害了！
ホントすごい！

単語 & 解説

绝［形容詞］…素晴らしい

太 ... 了［フレーズ］…〜すぎる

Xī wàng nǐ xǐ huan.
シィ ウアン ニィ シィ ホアン

希望你喜欢。

【喜んでくれるといいなぁ。】

プレゼントを渡す時などに添えられるフレーズです。「喜欢」[シィ ホアン] は「好き」「好む」と言う意味でよく使われる単語です。

李姉妹のミニ会話

Wǒ sòng nǐ de shēng rì lǐ wù, xī wàng nǐ xǐ huan!
ウオスゥンニィ ダ シォンリィリィウゥ　シィウアンニィ
我送你的生日礼物，希望你
シィホアン
喜欢！
誕生日プレゼント喜んでくれるといいなぁ。

Tài kāi xīn le! Xiè xie!
タイカイシン ラ　シエシエ
太开心了！谢谢！
めっちゃうれしい！　ありがとう！

単語 & 解説

生日 [名詞]…誕生日
礼物 [名詞]…プレゼント
喜欢 [動詞]…喜ぶ /
好きである
开心 [形容詞]…嬉しい / 楽しい

71

Méi wèi kǒu.
メイ ウエイ コウ
没胃口。

【食欲ない。】

「今は何も食べたくない」という時の気持ちを表します。体調が悪くてご飯が食べられそうにない時などにも使えます。

李姉妹のミニ会話

Méi wèi kǒu.
メイウエイコウ
没胃口。
食欲ない。

Méi wèi kǒu yě duō shǎo chī diǎn ba.
メイウエイコウイエドゥオシァオチディエン バ
没胃口也多少吃点吧。
食欲なくても少し食べたほうがいいよ。

単語 & 解説

胃口 [名詞]…食欲

Xiǎo qì!
シアオ チィ
小气！

【ケチ！】

お金などに対してケチケチした人や卑しい人に使います。「小气」〔シアオ チィ〕は「けちである」の他に「気が小さい」という意味で使われることもあります。

李姉妹のミニ会話

単語＆解説

秘密［名詞］…秘密
小气［形容詞］…ケチ
である

Mì mì!
ミィミィ
秘密！
ひみつ！

Xiǎo qì!
シアオチィ
小 气！
ケチ！

Wǒ zěn me zhī dao!
ウオ ヅェン マ ヂィ ダオ
我怎么知道！

【知るか！】

直訳すると「私がどうやって知るのか」で、「そんなの知らないよ！」という意味になります。なげやりな感じの一言ですね。

李姉妹のミニ会話

Tā wèi shén me shēng qì le?
タァ ウエイ シェン マ シォンチィ ラ
她为什么生气了?
彼女なんで怒ったの？

Wǒ zěn me zhī dao.
ウオ ヅェン マ ヂィ ダオ
我怎么知道！
知るか！

単語＆解説

为什么 [代詞]…なぜ / どうして
生气 [動詞]…怒る

Bié dān xīn.
ビィエ ダン シン

别担心。

【 心配しないで。】

またまた「別」〔ビィエ〕(=〜しないで) シリーズですね。「担心」は「心配する」
という意味です。相手を安心させたい時に使える声かけです。

李姉妹のミニ会話

単語 & 解説

担心 [動詞]…心配す
る

Nǐ méi shì ba?
ニィメイシィ バ
你没事吧?
大丈夫？

Bié dān xīn, méi shì.
ビエダンシン　メイシィ
别担心，没事。
心配しないで、大丈夫。

Yì diǎn yì si dōu méi you.
イィ ディエン イィ ス ドォウ メイ イオウ
一点意思都没有。

【全然おもしろくない。】

「一点…都〜」〔イィ ディエン…ドォウ〜〕は否定形とセットで「…がまったく〜ない」という意味になり、強めの否定をする時によく使う表現です。

李姉妹のミニ会話

単語 & 解説

可以［形容詞］…まあまあである / 悪くない

Zhè bù diàn yǐng yì diǎn yì si dōu méi you.
チョブゥディエンインイィディエンイィ ス ドォウメイイオウ
这部电影一点意思都没有。
この映画全然おもしろくない。

Shì ma? Wǒ jué de hái kě yǐ.
シィ マ　ウオチュエ ダ ハイコォイィ
是吗? 我觉得还可以。
そう？　私はそんな悪くないと思った。

Wǒ bù xíng le ...
ウオ ブゥ シン ラ
我不行了 ...

【もう無理…】

「不行」〔ブゥ シン〕(=ダメ)をこのように自分に対して使うと「もうダメだ…」という嘆きの一言に。「了」をつけることで「ここまで頑張ったけどもうダメだ」というニュアンスが出ます。

李姉妹のミニ会話

Wǒ bù xíng le ... Xiān huí jiā le.
ウオブゥシン ラ　シエンホゥイチィア ラ
我不行了 ... 先回 家了。
もう無理…先に家帰るわ。

Ǹg, gǎn jǐn huí qù ba.
ウン　　ガンヂンホゥイチュ バ
嗯，赶紧 回 去吧。
うん、はやく帰りな。

単語 & 解説

回去 [動詞＋動詞] …
帰る、戻る

Nǐ bié shēng qì le ~
ニィ ビィエ シォン チィ ラ
你别生气了～

【 もう怒らないでよ～ 】

「别生気」〔ビィエ シォン チィ〕（＝怒らないで）に「了」〔ラ〕をつけることで、「もうそろそろ怒るのをやめて」「機嫌をなおして」というたしなめになります。

李姉妹のミニ会話

単語＆解説
原谅 [動詞]…許す

Nǐ bié shēng qì le ~
ニィ ビィエ シォン チィ ラ
你别 生气了～
もう怒らないでよ～

Zhè cì yuán liàng nǐ.
チォ ツー ユエンリアンニィ
这次原 谅你。
今回は許す。

Wǒ yǒu diǎn bù shū fu.

ウオ イオウディエン ブ シュウ フ

我有 点 不舒服。

【ちょっと体調悪い。】

「不舒服」[ブゥ シュウ フ]は「不快」という意味があり、体調についても使えます。
「なんとなく調子が悪いなー」という時に使えるフレーズです。

李姉妹のミニ会話

Wǒ yǒu diǎn bù shū fu.
ウオイオウディエンブゥシュウフ
我有 点 不舒服。
ちょっと体調悪い。

Yào bu yào qù yī yuàn kàn kan a?
ヤオブゥヤオチュイィユエンカンカン ア
要不要去医 院 看看啊?
病院で診てもらう？

単語＆解説

舒服［形容詞］…心地
いい／気持ちがいい
医院［名詞］…病院

Bú yào zhè yàng shuō hǎo bu hǎo!
ブゥ ヤオ チォイアンシュオ ハオ ブゥ ハオ
不要这样说好不好！

【そんなこと言わないでよ！】

「そんなふうに言わないでくれない？」、というニュアンスです。「好不好？」〔ハオ ブゥ ハオ〕は「いい？」という意味なので、語尾につけて何かを問いかけることも多いです。

李姉妹のミニ会話

Bú yào zhè yàng shuō hǎo bu hǎo!
ブゥヤオチォイアンシュオハオブゥハオ
不要这样 说 好不好！
そんなこと言わないでよ！

Běn lái jiù shì zhè yàng de a!
ベンライチウシィチォイアン ダ ア
本来就是这样 的啊！
でも事実だもん！

単語＆解説

本来［副詞］…本来／
もともと

Zhēn shi de!

チェン シィ ダ

真是的！

【まったくもう！】

あきれて少し怒っている時に使います。「你真是的！」〔ニィ チェン シィ ダ〕と人に対して言うと「まったくあなたって人は！」というニュアンスになります。

李姉妹のミニ会話

Zhēn shi de!
チェンシィ ダ
真 是的!
まったくもう！

Duì bu qǐ ~
ドゥイブゥチィ
对 不起~
ごめん～

単語 & 解説

对不起 [動詞]…申し
訳なく思う

061

Hǎo jǐn zhāng ...
ハオ チン チァン
好紧张…

【緊張する…】

「紧张」〔チン ヂァン〕は日本語と同じ「緊張する」という意味。大事なプレゼン前やテスト前などの緊張状態の時に使います。

李姉妹のミニ会話

Hǎo jǐn zhāng ...
ハオチンチァン
好紧张…
緊張する…

Shēn hū xī!
シェンフゥシィ
深 呼吸!
深呼吸して！

単語＆解説

紧张［形容詞］…緊張
している

呼吸［動詞］…呼吸する
る

Hǎo yí hàn ...
ハオ イィ ハン

好遗憾…

【残念だなぁ…】

「遺憾」[イィ ハン]は日常的に使う「残念だ」「心残りだ」という意味です。「表示遺憾」[ビアオ シィ イィ ハン]で「遺憾の意を表する」という硬めの表現もできます。

李姉妹のミニ会話

Hǎo yí hàn ...
ハオイィハン
好遗憾…
残念だなぁ…

Yǐ hòu hái huì yǒu jī huì de.
イィホウハイホウイイオウヂィホゥイ ダ
以后还会 有机会的。
今後またチャンスあるよ。

単語 & 解説

遗憾 [形容詞]…残念である

以后 [方位詞]…以降 / 今後

机会 [名詞]…機会 / チャンス

李姉妹とひとやすみ

休息一会儿

TOPIC

気持ちを伝えるときは必ず程度を表す言葉を入れる

中国語で気持ちを表す時ってあまり形容詞単体で言わないよね?

だいたい前に程度を表す単語をつけるよね。

付けないとちょっと不自然?

そう。
なんか物足りない感じになる。

じゃあ程度を表す単語はマスターした方がいいね。

何パターンか覚えておくとスムーズに自分の気持ちを表せるよ~

🌱 **很** [ヘン]　訳 とても
hěn

万能で、口語でも文語でも使える

🌱 **好** [ハオ]　訳 すごく
hǎo

口語で使われることが多い

🌱 **非常** [フェイ チャン]　訳 非常に
fēi cháng

少し丁寧な言い方でビジネスなどでも使える

🌱 **超级** [チャオ ヂィ]　訳 超
chāo jí

口語で使うことが多く、かなり程度が高いことを表す

🌱 **有点** [イオウ ディエン]　訳 ちょっと、少し
yǒu diǎn

第3章

コミュニケーション

ふだんの生活の中で、相手に感想や評価、意志や態度などを伝える
表現を集めました。よく使うものばかりで、覚えておいて損はなしです！

Zěn me huí shì?
ヅェン マ ホウイ シィ
怎么回事?

【どういうこと？】

状況がつかめない時に相手にたずねる一言。「怎么」〔ヅェン マ〕は「どう、どのように」という意味で特に疑問文の中でよく出てくる言葉です。「怎么了?」〔ヅェン マ ラ〕で「どうしたの?」という表現も頻出。

李姉妹のミニ会話

単語 & 解説

剛才 [名詞]…さっき

小心 [動詞]…注意する

摔倒 [動詞＋結果補語]…転んで倒れる

Zěn me huí shì?
ヅェン マ ホウイ シィ
怎 么 回 事?
どういうこと？

Gāng cái bù xiǎo xīn shuāi dǎo le.
ガンツァイブゥシアオシンシュアイダオ ラ
刚 才 不 小 心 摔 倒 了。
さっき不注意で転んじゃった。

Bié zháo jí～

ビィエヂァオ ヂィ

别着急～

【ゆっくりでいいよ～】

「别」[ビィエ] は「～しないで」という意味でよく使い、この場合は直訳すると「急がないで」という意味。「焦らずゆっくりでいいよ」というニュアンスを含んでいます。

李姉妹のミニ会話

Wǒ hái yǒu bàn ge xiǎo shí jiù néng chū mén le!

ウオハイイオウバン ゴ シアオシィチウノオンチュウメン ラ

我还有半个小时就能出门了!

あと30分で出かけられる!

単語 & 解説

小时 [量詞]…時間

出门 [動詞]…外出する

着急 [形容詞]…あわてる、焦る

Hǎo, bié zháo jí～

ハオ ビィエヂァオヂィ

好, 别着急～

了解、ゆっくりでいいよ～

Wǒ jǐn kuài!
ウオ チン クアイ
我尽快！

【急ぐね！】

「尽快」〔チン クアイ〕は「なるべくはやく」つまり「なるはやで！」という意味で使えます。ここでは「我」がついているので、自分が急ぐということを伝えています。

李姉妹のミニ会話

Zhè ge shì pín míng tiān néng biān jí hǎo ma?
チォゴオシイビンミンティエンノォンビエンヂィハオ マ
这个视频明 天 能 编 辑好吗?
この動画明日までに編集終わりそう？

Wǒ jǐn kuài!
ウオチンクアイ
我尽快！
急ぐね！

単語 & 解説

视频 [名詞]…動画
编辑 [動詞]…編集する

Wǒ jīn tiān yǒu shì ～
ウオ チン ティエン イオウ シィ
我今天有事～

【今日は予定あるんだ～】

急なお誘いに対して「今日は予定があって…」とお断りする時に。「点」〔ディエン〕
を加えて「我今天有点事」〔ウオ チン ティエン イオウ ディエン シィ〕（＝今日は
ちょっと用事があって…）とも言えます。

李姉妹のミニ会話

単語＆解説

逛街 [動詞]…街をぶ
らつく

Jīn tiān yì qǐ qù guàng jiē ba?
チンティエンイィチィチュグアンチエ バ
今天一起去逛街吧?
今日一緒に街をぶらぶらしない？

Wǒ jīn tiān yǒu shì ～
ウオチンティエンイオウシィ
我今天有事～
今日は予定あるんだ～

91

Xiāng xìn wǒ!
シィアン シン ウオ

相 信我！

【信じて！】

ドラマでよく出てきそうなセリフですね。「相信」〔シィアン シン〕で「信じる」という意味なので、後ろに「我」〔ウオ〕をつけて「私を信じて」という意味になります。

李姉妹のミニ会話

Xiāng xìn wǒ!
シャンシンウオ
相 信我！
信じて！

Ǹg, wǒ xiāng xìn nǐ!
ウン　ウオシャンシンニィ
嗯，我 相 信你！
うん、信じてるよ！

単語 & 解説

相信［動詞］…信じる / 信用する

92

Děng děng o ~
ドォンドォン　オ
等 等哦〜

【ちょっと待ってね〜】

これはラフな言い方で、より丁寧にしたい場合は「请稍等」〔チン　シァオ　ドォン〕で「少々お待ちください」となります。接客中などには「请稍等」を使いましょう。

李姉妹のミニ会話

単語＆解説

电话 [名詞]…電話
等 [動詞]…待つ

Nǐ xiàn zài néng jiē diàn huà ma?
ニィシエンヅァイノォンチエディエンホァ マ
你现在能接电话吗?
いま電話出られる？

Děng děng o ~
ドォンドォン　オ
等 等哦〜
ちょっと待ってね〜

Xià cì zài shuō ba ～
シィア ツー ヴァイシュオ バ
下次再说吧～

【また今度にしよ～】

なかなか物事が決まらない時に「この件はまた今度話そうか」と結論を保留する便利フレーズです。この「下次」〔シィア ツー〕（＝今度）が二度と来ないこともあります。

李姉妹のミニ会話

単語 & 解説

下次［名詞］…次回

Xià cì zài shuō ba ～
シィアツーヴァイシュオ バ
下 次 再 说 吧～
また今度にしよ～

Hǎo ba ～
ハオ バ
好吧～
わかった～

Yǒu kòng ma?
イオウクゥン マ
有空吗?

【いまヒマ?】

「時間ある?」と相手の予定を尋ねるときによく使います。少し付け足して「你明天有空吗?」〔ニィ ミン ティエン イオウ クゥン マ〕(=明日ひま?)と時間を変えて聞くこともできます。

李姉妹のミニ会話

単語 & 解説

有空 [フレーズ]…時間がある

Yǒu kòng ma?
イオウクゥン マ
有 空吗?
いまヒマ?

Ǹg, zěn me le?
ウン ヅェンマ ラ
嗯,怎么了?
うん、どうした?

Jiù mìng a!
チィウ ミン ア
救命啊！

【助けて！】

かなりピンチの時に使う「助けてー！」です。実際に身の危険を感じる時でもいいですが、「もう無理…助けて…」という切実な願いを演出したい時にも。

李姉妹のミニ会話

Jiù mìng a! Yǒu chóng zi!
チィウ ミン ア　イオウチゥン ツ
救命啊！ 有 虫子！
助けて！　虫がいる！

Wǒ yě pà chóng zi a!
ウオイエパァチゥン ツ　ア
我也怕 虫子啊！
私も虫怖い！

単語 & 解説

救 [動詞]…助ける

怕 [動詞]…こわがる / 恐れる

虫子 [名詞]…虫

Wǒ gēn nǐ shuō, ...

ウオ ゲン ニィ シュオ

我跟你说，…

【あのね、…】

何かを話し始める時に、文頭につけて「あのね」「聞いてよ」というニュアンスで
使います。「今から話すよ」という合図ですね。

李姉妹のミニ会話

Wǒ gēn nǐ shuō, zuó tiān fā shēng le yí
jiàn bù kě sī yì de shì!

ウオゲンニィシュオヅウオティエンファシォン ラ イィチエン

我跟你说，昨天 发生了一件
不可思议的事！

あのね、昨日信じられないことが起こった！

ブゥコォス イィ ダ シィ

Shén me shì a?

シェン マ シィ ア

什 么事啊?

なになに？

単語 & 解説

说 [動詞]…話す

不可思议 [成語]…想
像できない / 理解し難
い

97

Shén me yì si?
シェン マ イィ ス
什么意思？

【どういう意味？】

純粋に言葉の意味を尋ねている時と、「何が言いたいの？」と責めている時の 2 パターンが考えられます。後者の場合、「什么意思啊？」〔シェン マ イィ ス ア〕と語気を強めることも多いです。

李姉妹のミニ会話

単語 & 解説

慢 [形容詞] …遅い

Shén me yì si?
シェン マ イィ ス
什 么意思？
どういう意味？

Wǒ děng huì r zài màn màn gēn nǐ shuō.
ウオドォンホゥイアルヅァイマンマンゲンニィシュオ
我 等 会 儿 再 慢慢跟你说。
あとでゆっくり言うね。

Kàn nǐ ba!

カン ニィ バ

看你吧！

【そっち次第！】

「看〜」〔カン〜〕で「〜次第」という意味を表します。「你」〔ニィ〕を別の言葉に置き換えて「看他吧」〔カン タァ バ〕（＝彼次第だね）と言うこともできます。

李姉妹のミニ会話

単語 & 解説

看〜［動詞］…〜による

Jīn tiān wǒ men chī shén me?

チンティエンウオメンチィシェン マ

今 天 我们吃什么?

今日なに食べる？

Kàn nǐ ba!

カンニィ バ

看你吧！

そっち次第！

Nǐ shuō shén me?
ニィ シュオシェン マ

你说什么?

【なんて言った？】

聞き取れなかった時に「なんて？」と聞き返すフレーズ。結構ストレートな言い方なので、友達など親しい相手に使いましょう。

李姉妹のミニ会話

Nǐ shuō shén me?
ニィ シュオシェン マ
你说 什么?
なんて言った？

Wǒ shuō wǒ xià ge yuè yào bān jiā le ～
ウオシュオウオシィア ゴ ユエヤオバンチィア ラ
我说 我 下个月要搬家 了～
来月引っ越しするんだ～

単語＆解説

搬家 [動詞]…引っ越しをする

076

Lái lái lái!
ライ ライ ライ
来来来！

【さぁさぁ！】

相手に何かを勧めるときの「さぁ遠慮なくどうぞ」という感じです。「来来来，快吃！」〔ライ ライ ライ クアイ チィ〕（＝さぁさぁ、どうぞ食べて！）のように食事の席などでよく聞くかも。

李姉妹のミニ会話

Lái lái lái! Chèn rè chī!
ライライライ チェンロォチィ
来来来！ 趁热吃！
さぁさぁ！ 熱いうちに食べて！

Wa! Hǎo fēng shèng a!
ウァ ハオフォンシォン ア
哇！ 好丰盛啊！
わぁ！ めっちゃ豪華！

単語＆解説

热［形容詞］…熱い、暑い

丰盛［形容詞］…とても豊かな

101

Wǒ shuì guò tóu le!
ウオ シュイ グオ トォウ ラ
我睡过头了！

【寝坊した！】

「过头」［グオ トォウ］は「頭を過ぎる」と書いて「限度を超える」「行きすぎる」
という意味なので、「寝過ごした！」という表現になります。

李姉妹のミニ会話

Wǒ shuì guò tóu le!
ウオシュイグオトォウ ラ
我睡过头了!
寝坊した！

Hái lái de jí!
ハイライ ダ ヂィ
还来得及!
まだ間に合う！

単語 & 解説

过头［形容詞］…超える

来得及［動詞＋可能補語］…間に合う / 追いつける

Nǐ kāi wán xiào ba?
ニィ カイ ウアンシィアオ バ

你开玩笑吧？

【冗談だよね？】

ちょっと信じられないことに対して「うそでしょ?」という意味で言います。「开玩笑」
[カイ ウアン シィアオ] (=冗談を言う) を使って「开什么玩笑」(=冗談やめてよ)
という表現もできます。

李姉妹のミニ会話

単語 & 解説

真 [形容詞]…本当の、
真実の

Nǐ kāi wán xiào ba?
ニィカイウアンシアオ バ
你开玩笑吧?
冗談だよね？

Méi yǒu shì zhēn de…
メイイオウ シィチェン ダ
没有，是真的…
いや、ホントなんだ…

Qǐ lái le ma?

チ ラ イ ラ マ

起来了吗？

【起きた？】

「起きてる？」と確認するフレーズ。寝坊してそうな友達にはこのメッセージを送ってみましょう。

李姉妹のミニ会話

単語 & 解説

起来 [動詞 + 方向補語]…起き上がる

Qǐ lái le ma?
チィライ ラ マ
起来了吗?
起きた？

Gāng qǐ lái!
ガンチィライ
刚起来!
今起きたとこ！

Shuì le ma?
シュイ ラ マ
睡了吗？

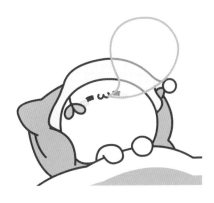

【もう寝ちゃった？】

「了」〔ラ〕がついているので、「もう寝た？」という意味になります。まだ起きてたら「还没呢!」〔ハイ メイ ナ〕（＝まだだよ!）と返せます。

李姉妹のミニ会話

単語 & 解説

睡不着［動詞＋可能補語］…寝付けない / 眠れない

Shuì le ma?
シュイ ラ マ
睡 了吗?
もう寝ちゃった？

Hái méi yǒu ～ shuì bu zháo.
ハイメイイオウ　シュイブゥチァオ
还没 有 ～ 睡 不着。
まだ～眠れない。

Yòu zěn me le?
イオウ ヅェン マ ラ

又 怎么 了 ?

【今度はなに？】

「又」〔イオウ〕は「また」と言う意味なので、「怎么了？」〔ヅェン マ ラ〕（＝どうしたの？）につけて「今度はどうしたの？」「まだ何かあるの？」というニュアンスになります。

李姉妹のミニ会話

Yòu zěn me le?
イオウヅェン マ ラ
又 怎么 了?
今度はなに？

Qián bāo bú jiàn le…
チエンバオブゥヂエン ラ
钱 包不见 了…
財布なくした…

単語 & 解説

钱包 [名詞]…財布

106

Suàn le.
スゥアン ラ
算 了。

【もういいや。】

「算」には色々な意味がありますが、「了」とセットで「もうとやかく言わない」「やめる」という意味になります。何かを諦める時に使えます。

李姉妹のミニ会話

単語 & 解説

蛋糕［名詞］…ケーキ
多［形容詞］…多い

Yào bu yào chī dàn gāo?
ヤオブゥヤオチィダンガオ
要不要吃蛋糕?
ケーキ食べる?

Suàn le, jīn tiān chī tài duō le.
スアン ラ　ヂンティエンチィタイドゥオ ラ
算 了，今 天 吃太多了。
もういいや、今日食べ過ぎた。

107

Wǒ yě gāng dào ～
ウオ イエ ガン ダオ
我也刚到～

【私もいま着いたとこ～】

待ち合わせで先に着いていた時に使えるフレーズです。「刚～」〔ガン～〕は「～したばかりだ」という意味でよく使います。

李姉妹のミニ会話

Děng hěn jiǔ le ba!
ドォンヘンチウ ラ バ!
等 很久了吧!
待ったでしょ!

Méi yǒu, wǒ yě gāng dào!
メイイオウ ウオイエガンダオ
没有，我也刚到!
ううん、私もいま着いたとこ！

単語 & 解説

刚～〔副詞〕…～したばかりである

Duì le!
ドゥイ ラ
对了！

【そうだ！】

何かを思いついて「そういえば…」と話し始める時に使える切り出しの一言です。

李姉妹のミニ会話

単語 & 解説

转职 [動詞]…転職する

上 [名詞]…前の / 先の

Duì le! Tīng shuō tā zhuǎn zhí le?
ドゥイ ラ　ティンシュオタァチュアンチィ ラ
对 了！ 听说她 转 职了?
そうだ！　彼女転職したんだって？

Ǹg, shàng ge yuè!
ウン シァン ゴ ユエ
嗯，上个月！
そう、先月！

Kuài diǎn!
クアイディエン

快 点 ！

【はやく！】

「はやくしてー！」と相手をせかしたい時に投げかける一言。北方の人なら「快点儿！」
〔クアイ ディエン アル〕と言うことが多いです。

李姉妹のミニ会話

Kuài diǎn!
クアイディエン
快 点 ！
はやく！

Lái la!
ライラァ
来啦!
いま行く！

単語 & 解説

快 [形容詞]… 速い

啦 [助詞]…「了」と
「啊」の合体した助詞

Zhè shì shén me?

チォ シィ シェン マ

这是什么？

【 なにこれ？ 】

「これ何？」と何かを指さして問いかけます。「那是什么?」〔ナァ シィ シェン マ〕にすると「あれは何?」「何あれ?」となります。

李姉妹のミニ会話

Zhè shì shén me?
チォシィシェン マ
这是什么?
なにこれ？

Hǎo xiàng shì yì zhǒng shū cài.
ハオシァンシィイィヂゥンシュウツァイ
好像是一种 蔬菜。
たぶん野菜の一種。

単語 & 解説

好像〜［副詞］…〜の
気がする / 〜らしい

蔬菜［名詞］…野菜

Màn diǎn shuō.

マン ディエンシュオ

慢 点 说。

【ゆっくり話して。】

これは簡潔な言い方なので、丁寧にお願いしたい場合は「请再慢点,说」〔チン ヴァイ マン ディエン シュオ〕（＝もう少しゆっくり話してください）などと言うことができます。

李姉妹のミニ会話

Nǐ màn diǎn shuō, wǒ méi tīng dào.
ニィマンディエンシュオ　ウオメイティンダオ
你慢 点 说，我没 听 到。
ゆっくり話して、聞き取れなかった。

単語 & 解説

慢［形容詞］…遅い／
ゆっくり

Nà wǒ màn diǎn shuō ～
ナァウオマンディエンシュオ ～
那我慢 点 说 ～
じゃあゆっくり話すね～

Xiǎo shēng diǎn ～
シャオシェンディエン
小声 点 ～

【静かに～】

直訳すると「もう少し小さな声で話して」という意味です。

李姉妹のミニ会話

Xiǎo shēng diǎn ～ dà jiā zài shuì jiào.
シャオシェンディエン　ダァチィアヅァイシュイチィアオ
小 声 点 ～大 家 在 睡 觉。
静かに～みんな寝てるよ。

単語 & 解説

小声［動詞］…声を小さくする

Ò!
オ
哦!
はい！

Qiú nǐ le ～
チィオ ニィ ラ
求你了～

【お願い～】

少し駄々をこねているような感じで、一度断られているけど諦められない時に使ってみましょう。

李姉妹のミニ会話

単語＆解説

求［動詞］…頼む／求める

Qiú nǐ le ～
チィオ ニィ ラ
求 你了～
お願い～

Jiù zhè yí cì o ～
チィオ チォ イィ ツ オ
就 这一次哦～
今回だけだよ～

李姉妹とひとやすみ
休息一会儿

TOPIC

中英ミックスフレーズ

中国語にも外来語はあるけど、その まま英語を使うこともあるよね?

そうそう。中国語と英語は語順 が似てるから混ぜやすいのかも。

単語を置き換えるだけでいいこと が多いよね。

英単語の発音も英語のままなの
が日本語との違いだよね。

それを知らないと意味わからなく
なりそうだね。

よく使う一言フレーズをいくつか
みてみよう。

すぐに
役立つ
フレーズ

ok ma
Ok吗? [オー ケイ マ]　訳 オッケー?

get dào
Get到 [ゲッ ダオ]　訳 理解する

hold zhù
Hold住 [ホーォド ヂィウ]　訳 持ちこたえる、コントロールする

bù care
不Care [ブゥ ケェア]　訳 気にしない

p tú
P图 [ピィ トゥ]　訳 画像を加工する　PはPhotoshopの略です。

❧ **这样Ok吗?** 訳 こんな感じでオッケー?

- -

❧ **你刚才说的我没有Get到~**

訳 さっき言ったこと理解できなかった~

- -

❧ **你一定要Hold住!**

訳 あきらめないで!(どうか持ちこたえて!)

- -

❧ **我完全不Care。** 訳 全然気にしてない。

- -

❧ **我等会儿再P图。** 訳 あとで画像加工するね。

- -

第4章

あいづち
リアクション

あいづちや返事のひとことは、会話のクッションのようなものです。
「ああ言えばこう言う」という表現を覚えれば、会話ですぐに実践ができますよ。

Ǹg ǹg.
ウン ウン
嗯嗯。

【うんうん。】

同意を表す時や会話の相槌としてよく使います。「嗯」〔ウン〕の1文字だけだと
少しそっけない感じがするので、2回重ねて使うのがおすすめです。

李姉妹のミニ会話

Wǒ men míng tiān wǎn shang qù kàn diàn
yǐng hǎo bu hǎo?
ウオメンミンティエンウアンシャンチュカンディエンインハオ
我们明天晚上去看电影好
ブゥハオ
不好?
明日夜映画見に行かない？

Ǹg ǹg, hǎo a～
ウンウン ハオ ア
嗯嗯，好啊～
うんうん、いいね～

単語 & 解説

明天 [名詞]…明日

看 [動詞]…見る

电影 [名詞]…映画

Duì duì duì!
ドゥイドゥイドゥイ

对对对！

【そうそう！】

「ヌオ」〔ドゥイ〕は「正しい、正確である」という意味から、「そう」という返事として使えます。これを 3 回重ねて強い同意として使うことが多いです。

李姉妹のミニ会話

Tīng shuō tā jié hūn le!
ティンシュオタァチェフゥン ラ
听 说她结婚了！
彼女結婚したみたいだね！

Duì duì duì, shàng zhōu!
ドゥイドゥイドゥイシァンヂォウ
对 对对，上周！
そうそう、先週！

単語＆解説

结婚［動詞］…結婚する

对［形容詞］…正しい／合っている

121

Hǎo!
ハオ
好！

【いいよ！】

同意のあいづちの定番で、「好啊」〔ハオ　ア〕や「好呀」〔ハオ　ヤ〕とアレンジして使うことも多いです。強い同意を表すときは「好好好！」とたくさん言ったりします。

李姉妹のミニ会話

Wǒ men wǎn shang chī gā lí fàn hǎo bu hǎo?
ウォメンワンシャンチィガァリィファンハオブゥハオ
我们晚上吃咖喱饭好不好?
夜はカレーにしない？

Hǎo!
ハオ
好!
いいよ！

単語 & 解説

咖喱饭［名詞］…カレーライス

093

Yīng gāi ba.
イン ガイ バ

应该吧。

【たぶんね。】

ここでの「应该」[イン ガイ]は「〜のはずだ」という意味です。そこに「〜だろう」という語気助詞「吧」[バ]をつけて「たぶんそうだろう」という予測を表現しています。

李姉妹のミニ会話

Hái yǒu sān tiān néng zhǔn bèi hǎo ma?
ハイイオウサンティエンノォンチュンベイハオ マ
还有三天 能 准备好吗?
あと3日だけど準備終わる?

Yīng gāi ba.
インガイ バ
应该吧。
たぶんね。

単語＆解説

准备好 [動詞＋結果補語]…きちんと準備をする

Chà bu duō ba!
チア ブゥドゥオ バ
差不多吧！

【そんなもんかな！】

相手が言ったことに対して「だいたいそんなものだよ」と返す時に使えるフレーズです。「差不多」〔チァ ブゥ ドゥオ〕は「差があまりない」という意味から、「だいたい」「ほとんど」などと訳せます。

李姉妹のミニ会話

Jiàng yóu zhè me duō gòu bu gòu?
チャンイオウヂォ マ ドゥオゴウブゥゴウ
酱 油 这 么 多 够 不 够?
醤油これくらいで足りる？

Chà bu duō ba!
チァブゥドゥオ バ
差不多 吧!
そんなもんかな！

| 単語 & 解説 |
酱油 [名詞]…醤油
够 [動詞]…足りる

124

Bú huì ba!

ブゥホゥイ バ

不会吧！

【まさか！】

自分の予想に反することが起きた時によく使います。「うそでしょ？」「そんなはずはない」という驚きの感情も含んでいますね。

李姉妹のミニ会話

Hǎo xiàng kuài yào xià yǔ le!
ハオシャンクアイヤオシィアユィ ラ
好像 快要下雨了！
もうすぐ雨降りそう！

Bú huì ba! Wǒ méi dài sǎn.
ブゥホゥイ バ　ウオメイダイサン
不会吧! 我没带伞。
まさか！　傘持ってない。

単語 & 解説

下雨 [フレーズ]…雨
が降る
快要～了 [フレーズ]
…もうすぐ～だ
带 [動詞]…携帯する
伞 [名詞]…傘

Tiān na!
ティエン ナァ
天 哪！

【なんてこった！】

英語の"Oh my god"のような感じで、驚きや興奮を表します。感嘆詞っぽく「わぁ！」「まぁ！」などと訳してもいいですね。

李姉妹のミニ会話

Tiān na! Lòu shuǐ le!
ティエンナァ　ロウシュイ ラ
天 哪！漏 水 了！
なんてこった！　水漏れしてる！

Á?? Shén me yuán yīn a!
ア　シェン マ ユエンイン ア
啊 ??什么 原 因 啊！
え??　なんでだろう！

単語＆解説

原因 [名詞]…原因／理由

126

Zhēn de jiǎ de?
チェン ダ チィア ダ
真的假的？

【まじで？】

「真」〔ヂェン〕（＝本当）と「假」〔ヂィア〕（＝ウソ）を並べることで、「本当なの？」という驚きを表しています。言い方によっては疑っているようなニュアンスを強調することもできます。

李姉妹のミニ会話

Tīng shuō jīn tiān yào xià xuě.
ティンシュオヂンティエンヤオシィアシュエ
听 说 今 天 要 下 雪。
今日雪降るらしい。

Zhēn de jiǎ de?
チェン ダ ヂィア ダ
真 的假的?
まじで？

単語 & 解説

下雪［動詞］…雪が降る
真［形容詞］…本当である
假［形容詞］…本当でない

127

Zhī dao le.
ヂィ ダオ ラ
知道了。

【わかった。】

完了の「了」[ラ]を抜いて「我知道」[ウオ ヂィ ダオ]というと「知ってる」という意味が強くなるので、「わかった」と伝えたい場合は「知道了」か「我知道了」と言いましょう。

李姉妹のミニ会話

Míng tiān shàng wǔ shí diǎn gēn kè hù jiàn miàn o.
ミンティエンシァンウゥシィディエンゲンコオフゥチエン
明天 上午十点 跟客户 见
ミエン オ
面 哦。
明日午前10時に取引先と会うからね。

Zhī dao le.
ヂィ ダオ ラ
知道了。
わかった。

単語＆解説

上午 [名詞]…午前
客户 [名詞]…取引先

Méi wèn tí.
メイ ウェン ティ
没问题。

【いいよ。】

「問題ないよ」「ノープロブレム」という時の一言。日本でたまに「モウマンタイ」という言葉を聞きますが、これは「問題ないよ」という意味の広東語です。

李姉妹のミニ会話

単語 & 解説

问题 [名詞]…問題
早上 [名詞]…朝

Nǐ míng tiān zǎo shang guò lai, xíng ma?
ニィミンティエンヅァオシァングオライ　シン マ
你明天早上过来，行吗?
明日の朝来てくれる？

Méi wèn tí.
メイウェンティ
没问题～
いいよ～

129

Nà jiù hǎo.
ナァ チィゥ ハオ

那就好。

【それならよかった。】

「それならいいんだ」という感じの「よかった」です。「那」〔ナァ〕は文頭につけて「じゃあ…」と話し始めの言葉になることが多いです。

李姉妹のミニ会話

Wǒ tóu tòng hǎo duō le.
ウオトォゥトゥンハオドゥオ ラ
我头痛好多了。
頭痛だいぶ良くなった。

Nà jiù hǎo!
ナァチゥハオ
那就好！
それならよかった！

単語 & 解説

头痛［形容詞］…頭が痛い

Yě duì.
イエ ドゥイ
也对。

【 たしかに。 】

相手の意見に「それもそうだね」「たしかにそうだ」と同意する時に使える短めの一言です。

李姉妹のミニ会話

単語 & 解説

这样 [代詞]…このような

Wǒ jué de shì zhè yàng de.
ウオヂュエ ダ シィチオイアンダ
我觉得是这样的。
私はそう思う。

Yě duì.
イエ ドゥイ
也对。
たしかに。

Tài kuā zhāng le ba!
タイ クア チァン ラ バ

太夸张了吧！

【 大げさすぎでしょ！ 】

「それは大げさ！」「やりすぎでしょ！」とツッコミを入れる時に使えるフレーズです。「太
〜了」〔タイ〜ラ〕がここでも使われていますね。

李姉妹のミニ会話

単語＆解説

夸张 [動詞]…誇張する / 大げさに言う

觉得 [動詞]…思う / 感じる

Tài kuā zhāng le ba!
タイクアチァン ラ バ
太夸张 了吧!
大げさすぎでしょ！

Wǒ yě jué de.
ウオイエチュエ ダ
我也觉得。
私も思った。

Méi shén me.
メイシェン マ

没什么。

【なんでもない。】

「特に何もないよ」「別になんでもないよ」「たいしたことないよ」という意味で、何かを聞かれた時の返答として使います。

李姉妹のミニ会話

Nǐ shuō shén me?
ニィシュオシェン マ
你说 什么?
なんて言った？

Méi shén me.
メイシェン マ
没什么。
なんでもない。

単語 & 解説

什么 [代詞]…なに / どんな

Yì bān bān.
イィ バン バン
一般般。

【まぁまぁ。】

感想を聞かれて「悪くはないけど特別よくもない」「まぁ普通」と言いたい時に使えます。褒め言葉ではないので正直な感想が言える場面で使いましょう。

李姉妹のミニ会話

Zhè jiàn yī fu hǎo kàn ma?
チォヂエンイィ フ ハオカン マ
这件 衣服好看吗?
この服かわいい？

Yì bān bān.
イィ バンバン
一般般。
まぁまぁ。

単語 & 解説

一般 [形容詞]…普通である

Dāng rán.
ダン ラァン
当然。

当然了

【もちろん。】

日本語の「当然」と同じ意味で、「当たり前だ」「もちろんだよ」と言う時に使えるフレーズです。

李姉妹のミニ会話

Nǐ néng bāng wǒ ma?
ニィノォンバンウオ マ
你 能 帮我吗?
手伝ってくれる?

Dāng rán.
ダンラン
当然。
もちろん。

単語＆解説

能［助動詞］…できる
当然［形容詞］…当然
である

Nà dào yě shì.
ナァ ダオ イエ シィ

那倒也是。

【それもそうだね。】

相手の話を聞いて「なるほど、それもそうだ！」と言う時に使える相槌です。

李姉妹のミニ会話

単語＆解説

道理 [名詞]…理屈 /
言い分

Tā shuō de yě yǒu dào lǐ.
タアシュオ ダ イエイオウダオリィ
他说的也有道理。
彼が言うことも一理ある。

Nà dào yě shì.
ナァダオイエシィ
那倒也是。
それもそうだね。

Bú yòng le ~
ブゥ イゥン ラ
不用了～

【いいや～】

これは「必要ない」という意味ですが、「不要」〔ブゥ ヤオ〕（＝いらない）と言う
より少し柔らかい印象になります。状況や相手によって使い分けるとよさそうです。

李姉妹のミニ会話

Nǐ yào bú yào mǎi yí ge?
ニィヤオブゥヤオマイイィ ゴ
你要不要买一个?
一個買う？

Bú yòng le ~
ブゥイゥン ラ
不用了～
いいや～

単語 & 解説

不用 [副詞]…いらな
い / 必要ない（単独で
使用する場合）

137

Wǒ dōu kě yǐ.
ウオ ドゥウ コォ イィ

我都可以。

【なんでもいいよ。】

「与えられた選択肢の中で私はどれでもいい」という意味です。「何食べたい?」と
聞いてこう返されると 1 番困るパターンですね。

李姉妹のミニ会話

Wǒ dōu kě yǐ.
ウオドゥウコォイィ
我都可以。
なんでもいいよ。

Nà wǒ men qù chī huǒ guō ba!
ナァウオメンチュチィフオグオ バ
那我们去吃火锅吧!
じゃあ火鍋食べに行こ!

単語 & 解説

火锅 [名詞]…火鍋
～吧 [助詞]…～しよ
う

Wǒ méi tīng dǒng.
ウオ メイ ティンドゥン

我没听懂。

【わかんなかった。】

「聞こえなかった」わけではなく「聞こえたけど意味が理解できなかった」という意味です。単に聞こえなかった時は「我没听见」[ウオ メイ ティン ヂエン]と言います。

李姉妹のミニ会話

Nǐ tīng dǒng wǒ shén me yì si le ma?
ニィティンドゥンウオシェン マ イィ ス ラ マ
你听懂我什么意思了吗?
私が言ってる意味理解できた？

Wǒ méi tīng dǒng.
ウオメイティンドゥン
我没听懂。
わかんなかった。

単語 & 解説

听懂 [動詞＋結果補語]…聞いてわかる

意思 [名詞]…意味

139

Hǎo de!
ハオ ダ
好的！

【わかった！】

「好」は「いいよ！」「OK！」という返事によく使われますが、「好的」〔ハオ ダ〕は「わかった！」「了解だよ！」という意味合いが強くなります。

李姉妹のミニ会話

単語＆解説

马上 [副詞]…すぐに
/ まもなく

到 [動詞]…到着する

Wǒ mǎ shàng jiù dào le!
ウオ マ シァンチゥダオ ラ
我马上就到了！
もうすぐ着く！

Hǎo de!
ハオ ダ
好的！
わかった！

Á?

ア

啊？

【え？】

純粋に聞き返しています。日本語で「あ？」と言うと怒っているように聞こえますが、中国語では全くそんなことはないので、ご安心ください。

李姉妹のミニ会話

Á? Nǐ bù zhī dào a?
ア　ニィブゥヂィダオ　ア
啊？ 你不知道啊？
え？　知らなかったの？

Wǒ dì yī cì tīng shuō!
ウォディイィツーティンシュオ
我第一次 听 说！
初めて聞いた！

単語 & 解説

第一次［フレーズ］…
初めて、最初に

141

Bù xíng!

（ブゥ シン）

不行！

【ダメ！】

強く断りたい時や、「ダメだ」「無理だ」という時に使えます。「許可しない」という意味の場合は「不可以」〔ブゥ コォ イィ〕と言い換えることもできます。

李姉妹のミニ会話

Zhè ge wǒ chī le o?
チォ ゴ ウオ チィ ラ オ
这个我吃了哦?
これ食べるよ？

Bù xíng!
ブゥシン
不行!
ダメ！

単語＆解説

不行［動詞］… いけない、だめだ

李姉妹とひとやすみ

休息一会儿

啊 [ア] のさまざまな使い方

中国語の「啊」って本当にいろんな使い方があるよね!

「啊」は声調が五種類ある結構珍しい漢字だよ。

ホントだ!

143

使い方によってニュアンスが変わってくるのが面白いよね。

単体で使う場合は文頭が多いかな?

そうだね~文末に使う時は基本軽声。

付けた方が感じがよくなる気がする。

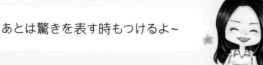

あとは驚きを表す時もつけるよ~

すぐに役立つフレーズ

- 啊 ā [第一声] …感動や驚きを表す

  例 啊～天气真好!

  訳 わぁ今日天気いいね!

- 啊 á [第二声] …疑問を表す

  例 啊? 你说什么?

  訳 え? なんて言った?

- 啊 ǎ [第三声] …疑いを表す

  例 啊? 怎么回事?

  訳 え～? どういうこと?

🌱 **啊 à** [第四声] …驚きや悟りを表す

例 啊! 好痛!

訳 わ! いたつ!

・・・

🌱 **啊 a** [軽声] 例 好啊〜 訳 いいよ〜

省略可能な場合が多い。前の字によって発音が変わること
があるので要注意。

・・・

第5章

学校・職場

学校の友だちや職場の同僚などと会話するときに使う表現を集めました。
先輩や上司、あるいはお客さんなど、目上の人への言い方も一緒に学びましょう。

Wǒ jīn tiān xiū xi.

ウオ ヂィンティエンシィウ シィ

我今 天 休息。

【今日はお休み。】

ここでの 「休息」〔 シィウ シィ〕は仕事や学校の休日を表します。 使い方によって
は「休憩する」「就寝する」 などを意味することもありますので会話の流れや文脈
で判断しましょう。

李姉妹のミニ会話

Nǐ jīn tiān shàng bān ma?

ニィチンティエンシアンバン マ

你今 天 上 班吗?

今日仕事？

Wǒ jīn tiān xiū xi.

ウオチンティエンシウシィ

我今 天 休息。

今日はお休み。

単語 & 解説

上班［動詞］…出勤す
る

工作［名詞］…仕事

休息［動詞］…休む

Jiāo gěi nǐ le!
ヂィアオ ゲイ ニィ ラ

交 给你了！

【まかせた！】

「あなたにまかせたよ」と何かを頼む時に使うフレーズ。「你」〔ニィ〕を「我」〔ウオ〕にして「交给我吧!」と言うと「（自分に）まかせて!」という意味になります。

李姉妹のミニ会話

Jiāo gěi nǐ le!
チアオ ゲイ ニィ ラ
交 给你了!
まかせた！

Fàng xīn ba!
ファンシン バ
放 心吧!
安心して！

単語 & 解説

交 [動詞]…まかせる、渡す

放心 [動詞]…安心する

Wǒ què rèn yí xià.

ウオ チュエレン イィ シィア

我确认一下。

【ちょっと確認するね。】

「确认」[チュエ レン]は そのまま「確認する」という意味です。「ちょっと〜する」「〜してみる」という意味での「〜一下」[〜 イィ シィア]はよく出てくる表現なので覚えておきましょう。

李姉妹のミニ会話

Nǐ xià ge yuè yī hào yǒu kòng ma?
ニィシィア ゴ ユエイィハオイオウクゥン マ
你下个月一号有 空吗?
来月の1日時間ある?

Wǒ què rèn yí xià.
ウオチュエレンイィシィア
我确认一下。
ちょっと確認するね。

単語 & 解説

下 [名詞]…次の / 後の

确认 [動詞]…確認する

Nà wǒ xiān zǒu le.

ナァ ウオ シィエンヅォウ ラ

那我先走了。

【じゃあお先に。】

職場などで自分が一足先に帰る時の挨拶です。同僚であれば相手を選ばず使えます。先輩の場合は名前を添えるとよりよいかも。

李姉妹のミニ会話

Nà wǒ xiān zǒu le.

ナァウオシエンヅォウ ラ

那我先走了。

じゃあお先に。

Hǎo, wǒ yě mǎ shàng jiù zǒu le.

ハオ　ウオイエ マ シァンヂウヅォウ ラ

好，我也马上就走了。

は一い、私もすぐ行く。

単語 & 解説

先 [副詞]…先に

走 [動詞]…出る / 出発する

Xīn kǔ nǐ le.
シィン クゥ ニィ ラ
辛苦你了。

【おつかれさま。】

相手の労を労（ねぎら）う時にこう声をかけてみましょう。日本語の「おつかれさま」のように
挨拶の代わりとしては使いませんので、要注意です。

李姉妹のミニ会話

単語 & 解説

辛苦 [形容詞]…苦し
い / 苦労する

Jīn tiān xīn kǔ nǐ le.
ヂンティエンシンクゥニィ ラ
今 天 辛苦你了。
今日はおつかれさま。

Nǐ yě xīn kǔ le.
ニィイエシンクゥ ラ
你也辛苦了。
そっちもおつかれさま。

Xū yào bāng máng ma?
シュ ヤオ バン マン マ
需要帮忙吗？

【手伝おうか？】

「需要」〔シュ ヤオ〕(=必要とする) と 「帮忙」〔バン マン〕(=手助けする) を合わせて「手伝いましょうか?」となります。こう言われたら「谢谢」〔シエ シエ〕と言って頼ってみましょう。

李姉妹のミニ会話

Xū yào bāng máng ma?
シュヤオバンマン マ
需要帮忙吗?
手伝おうか？

Bāng wǒ shōu shì yí xià zhuō zi ba.
バンウオシォウシィイィシィアヂュオ ツ バ
帮我 收拾一下 桌子吧。
テーブル片付けてくれる？

需要［動詞］…必要とする

收拾［動詞］…片付ける

桌子［名詞］…テーブル / 机

Bāng bang wǒ 〜

バン バン ウオ

帮帮我〜

・・・・・・

【 ちょっと手伝って〜 】

軽いお手伝いを頼みたい時に使えます。疑問形にして「能不能帮帮我?」〔ノォン ブゥ ノォン バン バン ウオ〕と尋ねることで少し丁寧な頼み方にできます。

李姉妹のミニ会話

Bāng bang wǒ 〜

バンバンウオ

帮帮我〜

ちょっと手伝って〜

Lái le 〜

ライ ラ

来了〜

いま行く〜

単語 & 解説

来 [動詞]…来る

Wǒ jīn tiān yào jiā bān.
ウオ ヂン ティエン ヤオ ヂィア バン
我今天要加班。

【今日は残業。】

「我今天要〜」〔ウオ ヂン ティエン ヤオ 〜〕で今日の自分の予定を伝えられます。
「残業」は「加班」〔ヂィア バン〕、仕事に行くことは「上班」〔シァン バン〕
と言います。

李姉妹のミニ会話

Wǒ jīn tiān yào jiā bān.
ウオヂンティエンヤオヂィアバン
我今天要加班。
今日は残業。

Hǎo ba, nà wǒ wǎn fàn jiù bù děng nǐ le.
ハオ バ　ナァウオウアンファンヂウブゥドォンニィ ラ
好吧，那我晚饭就不等你了。
わかった、じゃあ先に夜ご飯食べてるね。

単語＆解説

加班［動詞］…残業する

晩饭［名詞］…晩ご飯

155

李姉妹とひとやすみ
休息一会儿

TOPIC

目上の人との会話で気をつけること

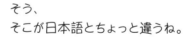

中国語には敬語がないよね。

そう、
そこが日本語とちょっと違うね。

丁寧な言い方が敬語の代わりに
なる感じかな。

そう、ビジネスとかでよく使うよ。

身につけておきたいな~

簡単な単語を
いくつかみてみよう!

すぐに役立つフレーズ

🌱 **您** [ニン]

你[ニィ](あなた)の丁寧語。
複数形でも您们とは言わないので注意。

· ·

🌱 **请** [チン]

何かを頼むときの丁寧語

· ·

🌱 **麻烦～** [マァ ファン~]

相手にお手間を取らせるときに使う

· ·

🌱 **先生／女士** [シエン シャン／ニュ シィ]

男性/女性の敬称。名前の後ろにつける

· ·

您现在在办公室吗?

訳 いま事務所にいらっしゃいますか?

- -

请进。

訳 どうぞお入りください。

- -

麻烦您了。!

訳 お手数をお掛けいたします。

- -

李先生/李女士

訳 李様

※ 苗字のみでもフルネームでも使えます。「さん」よりもさらにかしこまった敬称です。
　　若い女性には「小姐」を使うこともありますが、敬称ではなく単体で女性の呼びかけに使うと失礼になる場合があるので注意しましょう。

- -

●著者紹介

イラスト：北京十二棟文化伝播有限公司(BLOCK 12)／腿丽丝／株式会社ミニチュアファクトリー

【長草くん】
中国で若い世代を中心に大人気のキャラクター。ゆめみる世界のようせい。版権元は、中国のキャラクターIP企業・北京十二棟文化伝播有限公司(BLOCK12)。
2021年3月時点で、「WeChat」などのメッセージアプリを含め、各アプリにリリースしたスタンプのダウンロード数は10億回、合計利用数は280億回を超える。「ウェイボー」での公式アカウントのフォロワー数は390万人超。日本でのオフィシャルTikTokアカウントのフォロワー数は250万人を突破。

【腿丽丝(トゥイ・リースー)】
「長草くん」考案者。1995年から1999年の間に生まれた、さそり座の女性。「長草くん」のため、ファンの中でも大人気。著作の『长草颜团子：这只梦想是毛茸茸的』(百花洲文艺出版社、2018年7月) は10万部発行。

【株式会社ミニチュアファクトリー】
「長草くん」の日本でのプロモーション展開およびライセンス窓口を担当。2017年より「長草くん」の版権元である北京十二棟文化伝播有限公司と提携を開始。

文：李姉妹

中国語や中国文化を紹介している注目の姉妹ユーチューバー。中国生まれの姉・ゆんちゃんと日本生まれの妹・しーちゃんで運営。中国語試験HSK公式イメージキャラクター、HSK主催オンライン留学アンバサダー。
姉・ゆんちゃん：中国生まれ。小学1年〜4年の4年間と高校の3年間を中国で過ごす。日中英のトリリンガル。
妹・しーちゃん：日本生まれ。幼少期を中国で過ごし、6歳から日本在住。早稲田大学で第二言語として中国語を学習。新卒で日系企業に就職し、日中通訳も経験。

長草くんイラスト	北京十二棟文化伝播有限公司 (BLOCK 12)
李姉妹イラスト	株式会社ミニチュアファクトリー (KOH)
カバーデザイン	サイフォン グラフィカ (宮下ヨシヲ)
本文デザイン／DTP	次葉合同会社
ナレーション	李姉妹／嶋梨夏／李洵

長草くんと李姉妹の
まるっと♡話せる中国語

令和3年(2021年)5月10日　初版第1刷発行
令和6年(2024年)4月10日　　第3刷発行

著者	北京十二棟文化伝播有限公司(BLOCK 12)／腿丽丝／ 株式会社ミニチュアファクトリー／李姉妹
発行人	福田富与
発行所	有限会社Jリサーチ出版
	〒166-0002　東京都杉並区高円寺北2-29-14-705
	電　話　03(6808)8801(代)　FAX 03(5364)5310
	編集部　03(6808)8806
	https://www.jresearch.co.jp
印刷所	株式会社　シナノ パブリッシング プレス

ISBN978-4-86392-514-4